Le Guide essentiel du formateur

Yves Guéchi
Ingénieur pédagogique

Le Guide essentiel du formateur

Sciences de l'éducation

Yves Guéchi

Published by Yves Guéchi, 2024.

ISBN :

While every precaution has been taken in the preparation of this book, the publisher assumes no responsibility for errors or omissions, or for damages resulting from the use of the information contained herein.

LE GUIDE ESSENTIEL DU FORMATEUR

First edition. February 29, 2024.

ISBN: 979-8224906215

Written by Yves Guéchi.

Table des Matières

Le Guide essentiel du formateur (Sciences de l'éducation)..................1

Outils en ligne pour la gestion du temps et l'organisation dans le processus de formation 23

Outils en ligne pour l'évaluation et le suivi des résultats d'une formation 27

La méthode d'évaluation Kirkpatrick... 29

Brises glaces.. 47

Conseils pour des Présentations PowerPoint Attractives :.............. 49

La Digitale : un site de ressources libres pour l'éducation 55

Je dédie ce livre à tous mes collègues, formatrices et formateurs,
avec qui j'ai collaboré au fil des années.

Chapitre 1 : Introduction à la formation pour adultes

Bienvenue dans le premier chapitre, nous allons jeter les bases de la formation pour adultes. Nous allons explorer les caractéristiques uniques des apprenants adultes et nous plonger dans les principes de la théorie de l'apprentissage des adultes. Comprendre les motivations, les préférences et les défis des apprenants adultes est essentiel pour concevoir et offrir des programmes de formation réussis.

La formation pour adultes diffère de la formation dispensée aux enfants et aux adolescents. Les apprenants adultes ont des expériences de vie, des connaissances préalables et des attentes spécifiques qui doivent être prises en compte lors de la conception et de la prestation d'une formation efficace. En tant que formateur pour adultes, il est crucial de comprendre ces différences et d'adapter les méthodes d'enseignement en conséquence.

L'une des principales caractéristiques des apprenants adultes est leur autonomie. Contrairement aux enfants, les adultes choisissent de participer à une formation et sont motivés par des objectifs personnels ou professionnels. Ils ont une plus grande responsabilité dans leur propre apprentissage et attendent que la formation soit pertinente, pratique et applicable à leur vie quotidienne.

La théorie de l'apprentissage des adultes met en évidence plusieurs principes clés qui guident la conception et la prestation de la formation pour adultes. L'un de ces principes est l'orientation vers les objectifs. Les apprenants adultes sont motivés par la réalisation d'objectifs spécifiques et concrets. En tant que formateur, il est important de clarifier les objectifs de la formation dès le départ et de montrer aux apprenants comment les connaissances et les compétences acquises les aideront à atteindre ces objectifs.

Un autre principe important est la pertinence de l'apprentissage. Les apprenants adultes sont plus engagés lorsqu'ils perçoivent la valeur et l'applicabilité de ce qu'ils apprennent. Ils veulent voir comment les concepts et les compétences enseignés peuvent être directement appliqués dans leur vie professionnelle ou personnelle. En tant que formateur, il est essentiel de créer des liens entre les contenus de formation et les situations réelles auxquelles les apprenants sont confrontés.

La motivation est également un élément clé de l'apprentissage des adultes. Les apprenants adultes sont motivés par des facteurs intrinsèques tels que l'autonomie, la compétence et le sentiment d'accomplissement. En tant que formateur, vous pouvez nourrir cette motivation en offrant des défis appropriés, en reconnaissant les progrès des apprenants et en créant un environnement d'apprentissage positif et valorisant.

Un autre aspect important de la formation pour adultes est la prise en compte des différentes expériences et connaissances préalables des apprenants. Les adultes ont accumulé des connaissances et des compétences tout au long de leur vie, et il est essentiel de valoriser et de tirer parti de ces expériences dans le processus d'apprentissage. Les méthodes d'enseignement qui favorisent l'échange d'expériences et l'apprentissage collaboratif peuvent être particulièrement efficaces pour les apprenants adultes.

En tant que formateur pour adultes, vous jouez un rôle clé dans la création d'un environnement d'apprentissage stimulant et respectueux. Il est important d'encourager la participation active, d'écouter activement les apprenants, de favoriser le partage d'idées et de créer des occasions d'apprentissage interactif. En créant une atmosphère de confiance et de respect mutuel, vous favorisez un apprentissage plus efficace et gratifiant pour tous les participants.

Dans les prochains chapitres, nous explorerons en détail les différentes compétences et outils nécessaires pour devenir un formateur pour adulte efficace. Nous aborderons des sujets tels que la compréhension des styles d'apprentissage des adultes, la création de matériel de formation engageant, l'utilisation de la technologie dans la formation pour adultes, la conception de sessions de formation efficaces, la facilitation des discussions de groupe et des activités, l'évaluation des progrès des apprenants adultes, et bien plus encore.

Préparez-vous à plonger dans les profondeurs de la formation pour adultes et à acquérir les connaissances et les compétences nécessaires pour devenir un formateur accompli. Dans les chapitres à venir, nous allons explorer des stratégies pratiques et des conseils éprouvés pour vous aider à créer des expériences d'apprentissage significatives et impactantes pour vos apprenants adultes.

Que vous soyez un formateur expérimenté à la recherche de nouvelles idées et de techniques innovantes, ou un novice cherchant à comprendre les fondamentaux de la formation pour adultes, ce livre est conçu pour vous guider tout au long de votre parcours. Chaque chapitre fournira des informations précieuses, des exemples concrets et des exercices pratiques pour vous aider à renforcer vos compétences en tant que formateur pour adultes.

Alors, préparez-vous à plonger dans ce voyage passionnant et enrichissant. Que vous souhaitiez développer vos compétences en formation professionnelle, en formation continue ou en formation personnelle, ce livre vous donnera les outils dont vous avez besoin pour exceller dans votre rôle de formateur pour adultes.

Chapitre 2 : Les différents styles d'apprentissage des adultes

Dans ce chapitre, nous allons explorer les différents styles d'apprentissage des adultes et comment les prendre en compte dans la conception de votre formation. Comprendre les préférences d'apprentissage de vos participants est essentiel pour créer un environnement d'apprentissage efficace et engageant.

Chaque individu a une manière unique d'assimiler et de traiter les informations. Les styles d'apprentissage se réfèrent aux préférences et aux tendances d'apprentissage d'une personne. Bien qu'il existe de nombreuses théories sur les styles d'apprentissage, nous allons nous concentrer sur quatre styles principaux : visuel, auditif, kinesthésique et lecture/écriture.

Le style d'apprentissage visuel se réfère aux personnes qui préfèrent utiliser des images, des graphiques, des diagrammes et des schémas pour comprendre et mémoriser l'information. Les apprenants visuels ont besoin de voir les concepts et les idées représentés visuellement pour les assimiler. En tant que formateur, vous pouvez utiliser des supports visuels tels que des diapositives PowerPoint, des vidéos, des images et des illustrations pour aider ces apprenants à se connecter avec le contenu de la formation.

Le style d'apprentissage auditif concerne les personnes qui apprennent le mieux en écoutant et en entendant l'information. Les apprenants auditifs préfèrent les explications verbales, les discussions, les conférences et les enregistrements audio. Ils peuvent être plus attentifs aux détails sonores et se souvenir des informations grâce à la répétition orale. En tant que formateur, vous pouvez intégrer des discussions de groupe, des enregistrements audios et des présentations orales pour répondre aux besoins de ces apprenants.

Les apprenants kinesthésiques préfèrent apprendre en faisant et en s'engageant physiquement dans des activités. Ils apprennent mieux par l'expérience pratique, les démonstrations et les simulations. Ces apprenants ont besoin de bouger, de manipuler des objets et d'expérimenter pour comprendre et retenir l'information. En tant que formateur, vous pouvez intégrer des activités pratiques, des jeux de rôle et des exercices interactifs pour stimuler l'apprentissage kinesthésique.

Enfin, le style d'apprentissage lecture/écriture se réfère aux personnes qui préfèrent lire et écrire pour assimiler l'information. Ces apprenants apprécient les textes écrits, les notes de cours, les livres et les exercices écrits. Ils ont tendance à prendre des notes détaillées et à revoir les informations par l'écriture. En tant que formateur, vous pouvez fournir des supports écrits, des activités d'écriture et des opportunités de prise de notes pour répondre aux besoins de ces apprenants.

Il est important de noter que la plupart des individus ont des préférences d'apprentissage mixtes, c'est-à-dire qu'ils peuvent avoir des tendances vers plusieurs styles d'apprentissage. En tant que formateur, il est important de proposer une variété de méthodes et d'approches pédagogiques qui tiennent compte de ces différentes préférences.

Lors de la conception de votre formation, assurez-vous de diversifier les activités et les supports pour répondre aux besoins des apprenants ayant différents styles d'apprentissage. Par exemple, vous pouvez combiner des présentations visuelles avec des discussions de groupe, des démonstrations pratiques et des exercices écrits. En offrant une approche holistique et équilibrée, vous offrez à chaque apprenant la possibilité de s'engager et de comprendre le contenu de la formation.

Il est également utile de permettre aux apprenants de réfléchir sur leur propre style d'apprentissage et de les encourager à découvrir les méthodes qui leur conviennent le mieux. Vous pouvez fournir des questionnaires ou des activités réflexives pour aider les apprenants à identifier leurs préférences et à explorer les stratégies d'apprentissage qui leur sont les plus bénéfiques.

Chapitre 3 : La planification d'une formation efficace

Dans ce chapitre, nous allons explorer les étapes clés de la planification d'une formation efficace. La planification est une étape cruciale pour assurer le succès de votre formation et garantir que les objectifs d'apprentissage soient atteints.

Définir les objectifs de formation : Avant de commencer à planifier votre formation, il est important de définir clairement les objectifs que vous souhaitez atteindre. Les objectifs de formation devraient être spécifiques, mesurables, atteignables, pertinents et temporellement définis (SMART).

Par exemple, si votre formation porte sur le développement des compétences en leadership, un objectif spécifique pourrait être "Permettre aux participants de développer des compétences en communication efficace et en prise de décision stratégique d'ici la fin de la formation".

Identifier votre public cible : Il est essentiel de connaître votre public cible avant de planifier votre formation. Comprenez leurs besoins, leurs attentes, leurs niveaux d'expérience et leurs préférences d'apprentissage. Cela vous aidera à adapter votre contenu, vos méthodes pédagogiques et vos activités en fonction des besoins spécifiques de votre public.

Concevoir le contenu de la formation : Une fois que vous avez défini les objectifs et compris votre public cible, vous pouvez commencer à concevoir le contenu de votre formation. Organisez le contenu de manière logique et séquencée, en utilisant des modules ou des sections claires. Assurez-vous de couvrir tous les points clés et d'inclure des exemples pratiques, des études de cas et des exercices pour renforcer l'apprentissage.

Sélectionner les méthodes pédagogiques appropriées : Choisissez les méthodes pédagogiques qui correspondent le mieux aux objectifs de votre formation et aux préférences d'apprentissage de votre public cible. Les méthodes pédagogiques peuvent inclure des présentations visuelles, des discussions de groupe, des jeux de rôle, des études de cas, des activités pratiques, des vidéos, des quiz, etc. Assurez-vous de varier les méthodes pour maintenir l'engagement et l'intérêt des participants.

Établir un calendrier et une structure : Créez un calendrier détaillé pour votre formation, en indiquant les jours et les heures de chaque session, ainsi que le temps alloué à chaque sujet. Assurez-vous de prévoir des pauses régulières pour permettre aux participants de se reposer et de se rafraîchir. Organisez également la structure de votre formation en définissant un fil conducteur clair et en enchaînant les sujets de manière cohérente.

Préparer les supports et les ressources : Avant le début de votre formation, assurez-vous de préparer tous les supports et les ressources nécessaires. Cela peut inclure des présentations PowerPoint, des documents imprimés, des fiches d'exercices, des vidéos, des liens vers des ressources en ligne, etc.

Veillez à ce que tous les supports soient clairs, pertinents et accessibles aux participants.

Évaluer l'efficacité de la formation : Prévoyez des mécanismes d'évaluation pour mesurer l'efficacité de votre formation. Cela peut inclure des questionnaires de satisfaction, des évaluations des connaissances avant et après la formation, des études de cas, des exercices pratiques, etc. Les retours des participants vous aideront à identifier les points forts de votre formation et à apporter des améliorations pour les futures sessions.

En planifiant soigneusement votre formation, vous augmentez les chances de succès et de satisfaction des participants. Veillez à rester flexible et adaptable tout au long du processus de planification, en tenant compte des besoins et des retours des participants. Une planification minutieuse vous permettra de livrer une formation engageante, pertinente et efficace pour votre public cible.

Dans le prochain chapitre, nous aborderons les compétences essentielles d'un formateur pour adulte.

Chapitre 4 : Les compétences essentielles d'un formateur pour adulte

Dans ce chapitre, nous allons explorer les compétences essentielles dont un formateur a besoin pour réussir dans son rôle. En tant que formateur, il est important de développer et de maîtriser un large éventail de compétences pour créer un environnement d'apprentissage efficace et stimulant pour les adultes.

Compétence en communication : La communication est l'une des compétences les plus importantes pour un formateur. Vous devez être capable de transmettre clairement les informations, d'écouter activement les participants et de poser des questions pertinentes pour favoriser l'engagement et l'apprentissage. Une communication efficace comprend également la gestion des discussions de groupe, la résolution des conflits et la création d'un climat positif dans la salle de formation.

Compétence en animation : En tant que formateur, vous devez être un animateur compétent pour maintenir l'attention des participants et encourager leur participation active. Cela implique d'utiliser des techniques d'animation telles que les jeux de rôle, les études de cas, les discussions de groupe, les activités pratiques et les exercices interactifs. L'animation efficace permet d'impliquer les participants, de favoriser l'apprentissage collaboratif et de créer un environnement favorable à l'échange d'idées.

Compétence en gestion du temps : La gestion du temps est cruciale lors de la planification et de la prestation d'une formation. Vous devez être capable de gérer efficacement le temps alloué à chaque sujet, d'inclure des pauses régulières et de respecter le calendrier établi. Une bonne gestion du temps vous permettra de couvrir tous les points clés de votre formation et de maintenir l'attention des participants sans les fatiguer.

Compétence en adaptabilité : En tant que formateur, vous devez être capable de vous adapter aux besoins et aux préférences d'apprentissage individuels des participants. Cela implique d'ajuster votre style d'enseignement, vos méthodes pédagogiques et votre contenu en fonction des différentes personnalités et des niveaux d'expérience des participants. L'adaptabilité vous permettra de créer une expérience d'apprentissage personnalisée et pertinente pour chaque participant.

Compétence en évaluation : L'évaluation est une compétence essentielle pour mesurer l'efficacité de votre formation et pour identifier les domaines d'amélioration. Vous devez être capable de concevoir des mécanismes d'évaluation appropriés, tels que des questionnaires de satisfaction, des évaluations des connaissances et des études de cas. L'évaluation vous permettra d'obtenir des retours précieux des participants et de faire évoluer votre formation pour répondre à leurs besoins.

Compétence en gestion de groupe : En tant que formateur, vous devez être capable de gérer efficacement les dynamiques de groupe et de favoriser la collaboration et l'échange d'idées. Cela implique d'être attentif aux besoins individuels des participants, de résoudre les conflits de manière constructive et d'encourager la participation de tous. Une bonne gestion de groupe garantit un climat positif et inclusif dans la salle de formation.

Compétence en expertise du sujet : Enfin, en tant que formateur, vous devez posséder une expertise solide dans le domaine que vous enseignez. Vous devez être capable de maîtriser le contenu de votre formation, d'apporter des exemples concrets et de répondre aux questions des participants de manière précise et pertinente. L'expertise du sujet vous permettra de gagner la confiance des participants et de renforcer la crédibilité de votre formation.

En développant et en maîtrisant ces compétences essentielles, vous serez en mesure de créer une expérience d'apprentissage engageante, interactive et efficace pour les adultes.

Chapitre 5 : Les méthodes pédagogiques innovantes pour une formation enrichissante

Dans ce chapitre, nous allons explorer différentes méthodes pédagogiques innovantes que vous pouvez utiliser pour enrichir votre formation. Les approches pédagogiques jouent un rôle crucial dans l'engagement et l'apprentissage des participants, donc il est essentiel d'adopter des méthodes variées et stimulantes.

L'apprentissage expérientiel : L'apprentissage expérientiel est une méthode pédagogique qui met l'accent sur l'apprentissage par l'expérience directe. Cette approche encourage les participants à apprendre en faisant, en expérimentant et en réfléchissant sur leurs propres actions. Des activités pratiques, des simulations, des jeux de rôle et des études de cas peuvent être utilisés pour créer des situations réelles dans lesquelles les participants peuvent appliquer leurs connaissances et compétences.

L'apprentissage par les pairs : L'apprentissage par les pairs est une méthode pédagogique qui favorise l'échange de connaissances et d'expériences entre les participants. Cette approche encourage la collaboration, la discussion et l'apprentissage mutuel. Vous pouvez organiser des activités de groupe, des discussions en binômes, des travaux d'équipe et des partages d'expériences pour permettre aux participants d'apprendre les uns des autres.

L'apprentissage basé sur les problèmes : L'apprentissage basé sur les problèmes est une méthode pédagogique qui met l'accent sur la résolution de problèmes réels. Les participants sont confrontés à des situations problématiques et doivent travailler ensemble pour trouver des solutions. Cette approche favorise l'apprentissage actif, la réflexion critique et le développement des compétences de résolution de problèmes.

L'apprentissage en ligne : L'apprentissage en ligne est devenu de plus en plus populaire, offrant des possibilités d'apprentissage flexibles et accessibles. Vous pouvez utiliser des plateformes d'apprentissage en ligne, des webinaires, des forums de discussion et des ressources numériques pour compléter votre formation en présentiel ou pour offrir une formation entièrement en ligne. L'apprentissage en ligne permet également aux participants d'apprendre à leur propre rythme et de revenir sur le contenu autant de fois qu'ils le souhaitent.

L'apprentissage par la narration : L'apprentissage par la narration est une méthode pédagogique qui utilise des histoires et des récits pour transmettre des connaissances et des leçons. Les histoires captivent l'attention des participants, les impliquent émotionnellement et facilitent la mémorisation des informations. Vous pouvez utiliser des histoires, des anecdotes, des études de cas et des exemples concrets pour rendre votre formation plus engageante et mémorable.

L'apprentissage par le jeu : L'apprentissage par le jeu est une méthode pédagogique ludique et interactive qui utilise des jeux pour faciliter l'apprentissage. Les jeux peuvent être utilisés pour renforcer les connaissances, développer des compétences, stimuler la créativité et encourager la collaboration. Vous pouvez créer des jeux de rôle, des quiz interactifs, des jeux de société et des jeux en ligne pour rendre votre formation plus amusante et motivante.

L'apprentissage par la réflexion : L'apprentissage par la réflexion est une méthode pédagogique qui encourage les participants à réfléchir sur leurs propres expériences, opinions et apprentissages. Vous pouvez utiliser des exercices de réflexion, des journaux d'apprentissage, des discussions en groupe et des questions ouvertes pour permettre aux participants de prendre du recul, d'analyser leurs propres réflexions et de construire leur propre compréhension.

En utilisant ces méthodes pédagogiques innovantes, vous pouvez rendre votre formation plus engageante, interactive et enrichissante pour les participants. N'hésitez pas à expérimenter différentes approches en fonction de vos objectifs de formation et des besoins de votre public cible.

Chapitre 6 : L'adaptation de la formation aux différents styles d'apprentissage

Dans ce chapitre, nous allons explorer l'importance d'adapter la formation aux différents styles d'apprentissage des participants. Chaque individu a une manière unique d'apprendre et de traiter les informations, donc en tant que formateur, il est essentiel de prendre en compte ces différences pour maximiser l'efficacité de votre formation.

Les styles d'apprentissage : Il existe plusieurs théories sur les styles d'apprentissage, mais l'une des plus connues est la théorie de Howard Gardner sur les intelligences multiples. Selon cette théorie, il existe différents types d'intelligences, tels que l'intelligence linguistique, logico-mathématique, visuelle-spatiale, kinesthésique, interpersonnelle, intrapersonnelle, musicale et naturaliste. Les individus peuvent avoir des préférences pour certains de ces styles d'apprentissage, donc en tant que formateur, vous devez varier vos méthodes pédagogiques pour répondre à ces différentes préférences.

L'audition : Certains apprenants préfèrent recevoir les informations par le biais de l'audition. Pour ces particuliers, les conférences, les présentations orales, les discussions en groupe et les enregistrements audio sont des méthodes pédagogiques efficaces. Assurez-vous de fournir des explications verbales claires et d'encourager les discussions pour favoriser l'apprentissage auditif.

La lecture/écriture : Certains apprenants préfèrent lire et écrire pour assimiler les informations. Pour ces individus, les documents écrits, les livres, les articles, les exercices écrits et les prises de notes sont des méthodes pédagogiques adaptées. Assurez-vous de fournir des supports écrits clairs et concis, et encouragez les participants à prendre des notes pendant la formation.

La visualisation : Certains apprenants ont une préférence pour la visualisation des informations. Pour ces individus, les supports visuels tels que les diapositives, les schémas, les graphiques, les vidéos et les images sont des outils pédagogiques efficaces. Utilisez des supports visuels présentés et explicites pour aider ces apprenants à comprendre et à mémoriser les informations.

L'expérimentation : Certains apprenants préfèrent apprendre en faisant et en expérimentant. Pour ces individus, les activités pratiques, les simulations, les jeux de rôle et les études de cas sont des méthodes pédagogiques adaptées. Encouragez ces apprenants à participer activement, à résoudre des problèmes concrets et à mettre en pratique leurs connaissances et compétences.

L'interaction sociale : Certains apprenants préfèrent apprendre en interagissant avec les autres. Pour ces individus, les discussions en groupe, les travaux d'équipe, les jeux de rôle et les projets collaboratifs sont des méthodes pédagogiques efficaces. Créez un environnement d'apprentissage interactif où les participants peuvent échanger leurs idées, partager leurs expériences et apprendre les uns des autres.

En adaptant votre formation aux différents styles d'apprentissage, vous pouvez créer un environnement d'apprentissage inclusif et efficace.

N'hésitez pas à combiner différentes méthodes pédagogiques pour répondre aux besoins variés de vos participants.

Chapitre 7 : Créer un environnement d'apprentissage positif

Dans ce chapitre, nous allons explorer l'importance de créer un environnement d'apprentissage positif pour favoriser la motivation et l'engagement des participants.

L'accueil chaleureux : Lorsque les participants arrivent à la formation, il est essentiel de leur réserver un accueil chaleureux. Cela peut inclure des salutations amicales, des sourires et des échanges informels pour créer une atmosphère étendue et propice à l'apprentissage.

Créer un espace physique accueillant : L'environnement physique de la salle de formation peut également influencer l'expérience des participants. Assurez-vous d'avoir une salle bien éclairée, bien ventilée et confortable. Disposez les chaises de manière à favoriser l'interaction et la communication entre les participants.

Encourager la participation active : Pour maintenir l'engagement des participants, il est important de les encourager à participer activement. Utilisez des techniques d'animation telles que des questions ouvertes, des discussions en groupe, des sondages interactifs, des jeux de rôle, et des activités pratiques pour stimuler la participation et l'interaction.

Favoriser un climat de respect et d'inclusion : Créer un climat de respect mutuel où chacun se sent en sécurité pour exprimer ses opinions et poser des questions. Encouragez l'écoute active, la tolérance et l'acceptation des différences. Veillez à ce que tous les participants se sentent inclus et valorisés.

Encourager la collaboration : Favorisez la collaboration entre les participants en encourageant les travaux de groupe, les discussions en binômes et les activités collaboratives. Cela permet aux participants d'apprendre les uns des autres et de construire des relations positives.

Donner des retours constructifs : Fournissez des retours constructifs et encourageants aux participants pour les aider à progresser. Soulignez leurs forces, mais proposez également des suggestions d'amélioration. Cela les motivera à poursuivre leurs efforts et à se développer davantage.

Varier les méthodes pédagogiques : Pour maintenir l'intérêt des participants, n'hésitez pas à varier les méthodes pédagogiques utilisées. Alternez entre les présentations, les discussions, les exercices pratiques, les études de cas, les vidéos, les jeux et les activités interactives. Cela permettra de maintenir un niveau élevé d'engagement et d'attention.

Créer une atmosphère positive : En tant que formateur, il est important de créer une atmosphère positive et encourageante. Utilisez un langage positif, encouragez les participants à se soutenir mutuellement, et valorisez leurs efforts. Cela contribuera à renforcer leur confiance en eux et leur motivation à apprendre.

En créant un environnement d'apprentissage positif, vous favoriserez la motivation, l'engagement et le bien-être des participants. Cela permettra d'optimiser les résultats de la formation et de créer une expérience d'apprentissage enrichissante pour tous. Dans le prochain chapitre, nous aborderons l'importance de l'adaptation de la formation aux différents besoins et niveaux des participants.

Chapitre 8 : L'adaptation de la formation aux besoins et niveaux des participants

Dans ce chapitre, nous allons explorer l'importance d'adapter la formation aux besoins et niveaux des participants afin de maximiser leur apprentissage et leur développement.

Évaluer les besoins des participants : Avant de commencer la formation, il est essentiel de comprendre les besoins spécifiques des participants. Cela peut être réalisé à travers des questionnaires préalables, des entretiens individuels ou des évaluations diagnostiques.

En identifiant les attentes, les objectifs et les lacunes de chaque participant, vous pourrez adapter votre formation de manière ciblée.

Personnaliser le contenu de la formation : Une fois que vous avez identifié les besoins des participants, vous pouvez personnaliser le contenu de la formation en fonction de leurs intérêts, de leurs compétences actuelles et de leurs objectifs d'apprentissage. Cela peut inclure l'ajout de modules spécifiques, de cas pratiques pertinents ou de ressources supplémentaires pour répondre aux besoins individuels.

Utiliser des méthodes d'enseignement différenciées : Chaque participant a son propre style d'apprentissage et ses propres préférences en termes de méthodes pédagogiques. En utilisant des méthodes d'enseignement différenciées, vous pouvez accommoder ces différences et offrir des opportunités d'apprentissage variées. Par exemple, utilisez des supports visuels pour les apprenants visuels, des discussions en groupe pour les apprenants auditifs, et des activités pratiques pour les apprenants kinesthésiques.

Donner des instructions claires : Lors de la présentation du contenu de la formation, il est important de donner des instructions claires et précises. Assurez-vous que les participants comprennent clairement les objectifs de chaque activité, les étapes à suivre et les attentes de performance. Cela les aidera à rester concentrés et à atteindre les objectifs d'apprentissage.

Adapter le rythme de la formation : Les participants peuvent avoir des niveaux de connaissances et de compétences différents. Il est donc essentiel d'adapter le rythme de la formation pour tenir compte de ces différences.

Veillez à fournir des explications détaillées pour les participants novices, tout en proposant des défis supplémentaires pour les participants plus avancés. Cela permettra à chacun de progresser à son propre rythme.

Offrir un soutien individualisé : Certains participants peuvent avoir besoin d'un soutien supplémentaire pour surmonter des difficultés spécifiques. En offrant un accompagnement individualisé, vous pouvez les aider à surmonter ces obstacles et à progresser dans leur apprentissage. Cela peut inclure des séances de tutorat, des ressources supplémentaires ou des activités de consolidation.

Encourager l'auto-évaluation : Les participants sont les mieux placés pour évaluer leurs propres progrès. Encouragez-les à réfléchir sur leur apprentissage, à identifier leurs forces et leurs faiblesses, et à fixer des objectifs d'amélioration. En les responsabilisant dans leur processus d'apprentissage, vous les aiderez à développer leur autonomie et leur motivation.

En adaptant la formation aux besoins et niveaux des participants, vous favoriserez un apprentissage plus efficace, une meilleure rétention des connaissances et une plus grande satisfaction des participants.

Chapitre 9 : Gestion du temps et organisation dans le processus de formation

Dans ce chapitre, nous allons explorer l'importance de la gestion du temps et de l'organisation dans le processus de formation.

Planification préalable : Avant de commencer la formation, il est essentiel de consacrer du temps à la planification préalable.

Déterminez les objectifs d'apprentissage, identifiez les contenus à couvrir et définissez une structure globale pour la formation. Cela vous aidera à organiser efficacement votre temps et à vous assurer que vous couvrez tous les éléments essentiels.

Établir un emploi du temps réaliste : Une gestion efficace du temps implique de définir un emploi du temps réaliste pour la formation. Tenez compte de la durée de chaque module, des pauses nécessaires et des activités prévues. Prévoyez également du temps supplémentaire pour les questions des participants et les discussions prolongées. Assurez-vous que votre emploi du temps soit équilibré et permette une progression fluide tout au long de la formation.

Utiliser des outils de gestion du temps : Pour vous aider à gérer efficacement votre temps pendant la formation, utilisez des outils de gestion du temps tels que des minuteries, des horloges visibles ou des rappels réguliers. Cela vous aidera à rester consciencieux de l'écoulement du temps et à vous assurer que vous respectez les délais prévus.

Prioriser les contenus clés : Dans le cadre d'une formation limitée dans le temps, il est important de prioriser les contenus les plus pertinents et les plus essentiels. Indiquez les informations clés que les participants doivent retenir et concentrez-vous sur celles-ci. Évitez de vous éparpiller sur des détails moins importants qui pourraient diluer l'apprentissage.

Utiliser des supports visuels clairs et concis : Pour optimiser l'utilisation du temps pendant la formation, utilisez des supports visuels clairs et concis. Utilisez des graphiques, des diagrammes et des schémas pour présenter les informations de manière visuelle et facilement compréhensible. Cela permettra aux participants d'assimiler rapidement les concepts clés.

Encourager la gestion du temps des participants : En plus de gérer votre propre temps, encouragez les participants à gérer également leur temps de manière efficace. Fournissez-leur des conseils sur la planification, l'organisation et la gestion des priorités. Cela les aidera à rester concentrés pendant la formation et à maximiser leur apprentissage.

Anticiper les imprévus : Malgré une bonne planification, il peut toujours y avoir des imprévus pendant la formation. Anticipez ces situations et proposez des solutions de secours. Par exemple, si une activité prend plus de temps que prévu, ayez une activité de secours prête à être utilisée pour ne pas perturber le déroulement de la formation.

Évaluer et ajuster : Après chaque session de formation, prenez le temps d'évaluer votre gestion du temps et d'identifier les points à améliorer. Demandez également aux participants de donner leur feedback sur la gestion du temps de la formation. Utilisez ces informations pour ajuster votre approche et améliorer la gestion du temps lors des prochaines formations.

Une gestion efficace du temps et une organisation minutieuse sont essentielles pour assurer le bon déroulement d'une formation. En planifiant préalablement, en réalisant un emploi du temps réaliste et en utilisant des outils de gestion du temps, vous pourrez optimiser l'apprentissage des participants et garantir une expérience de formation productive.

Outils en ligne pour la gestion du temps et l'organisation dans le processus de formation

Gérer son temps et s'organiser efficacement sont des compétences essentielles pour réussir une formation. De nombreux outils en ligne peuvent vous aider à rester sur la bonne voie et à atteindre vos objectifs.

Voici quelques-uns des meilleurs outils en ligne pour la gestion du temps et l'organisation dans le processus de formation :

1. Plateformes de gestion de projet :

Trello : Outil visuel pour organiser vos tâches et projets en tableaux et listes.

Asana : Plateforme collaborative pour gérer vos tâches, projets et communications.

Basecamp : Outil de communication et de collaboration pour les équipes.

ClickUp : Plateforme tout-en-un pour la gestion des tâches, projets, documents et communications.

2. Outils de calendrier et de planification :

Google Agenda : Outil gratuit pour créer et gérer votre calendrier.

Outlook Calendar : Calendrier intégré à la suite Microsoft Office.

TimeTree : Application de calendrier collaborative pour partager vos événements avec d'autres personnes.

Fantastical : Application de calendrier puissante avec des fonctionnalités avancées.

3. Outils de prise de notes et de création de listes :

Evernote : Outil pour prendre des notes, organiser vos documents et capturer des idées.

Notion : Outil polyvalent pour prendre des notes, créer des listes, gérer des projets et plus encore.

Google Keep : Application de prise de notes simple et intuitive.

Microsoft To Do : Application de liste de tâches pour organiser vos tâches et projets.

4. Outils de concentration et de gestion du temps :

Forest : Application qui vous aide à rester concentré en plantant un arbre virtuel qui grandit pendant que vous travaillez.

Freedom : Outil qui bloque les sites Web et les applications qui vous distraient pendant que vous travaillez.

StayFocusd : Extension pour Google Chrome qui vous permet de bloquer les sites Web et les applications qui vous distraient.

Momentum : Extension pour Google Chrome qui vous inspire et vous motive avec des citations et des images chaque fois que vous ouvrez un nouvel onglet.

En plus de ces outils, voici quelques conseils pour gérer votre temps et vous organiser efficacement dans le processus de formation :

- Définissez des objectifs clairs et réalistes.
- Planifiez votre temps et créez un calendrier.
- Priorisez vos tâches et concentrez-vous sur les plus importantes.
- Déléguez les tâches que vous ne pouvez pas faire vous-même.
- Faites des pauses régulières.
- Évitez les distractions.
- Récompensez-vous pour vos réalisations.

En utilisant les bons outils et en suivant ces conseils, vous pouvez améliorer votre gestion du temps et votre organisation dans le processus de formation et maximiser vos chances de réussite.

N'oubliez pas que l'outil le plus efficace est celui qui répond le mieux à vos besoins spécifiques et à votre style de travail.

Chapitre 10 : Évaluation et suivi des résultats de la formation

Dans ce chapitre, nous allons explorer l'importance de l'évaluation et du suivi des résultats de la formation.

Évaluer les objectifs d'apprentissage : L'évaluation des résultats de la formation commence par l'évaluation des objectifs d'apprentissage. Revenez sur les objectifs que vous avez fixés au début de la formation et évaluez dans quelle mesure ces objectifs ont été atteints. Cela vous permettra de mesurer l'efficacité de votre formation et d'identifier les domaines à améliorer.

Utiliser des méthodes d'évaluation variées : Pour obtenir une évaluation complète des résultats de la formation, utilisez une variété de méthodes d'évaluation. Cela peut inclure des évaluations écrites, des exercices pratiques, des études de cas, des discussions en groupe ou des observations directes. En utilisant différentes méthodes, vous obtiendrez des perspectives différentes sur les compétences et les connaissances acquises par les participants.

Impliquer les participants dans l'évaluation : Pour une évaluation plus holistique, impliquez les participants dans le processus d'évaluation. Encouragez-les à auto-évaluer leurs propres progrès, à identifier leurs forces et leurs faiblesses, et à réfléchir sur l'impact de la formation sur leur développement. Leur point de vue est précieux pour évaluer l'efficacité de la formation.

Collecteur de retours d'information : En plus des évaluations formelles, collectez des retours d'information informels auprès des participants. Organisez des sessions de feedback où les participants peuvent exprimer leurs opinions, poser des questions ou donner des suggestions d'amélioration. Ces retours d'information vous aideront à ajuster votre approche pour les futures formations.

Analyser les données recueillies : Une fois que vous avez les données d'évaluation, prenez le temps de les analyser en profondeur.

Découvrez les points forts et les points faibles de la formation, les tendances émergentes et les domaines qui sont nécessairement une. Cette analyse vous fournira des informations précieuses pour affiner votre approche pédagogique.

Fournir un suivi post-formation : L'évaluation ne se termine pas à la fin de la formation. Assurez-vous de fournir un suivi post-formation pour mesurer l'impact à long terme de la formation sur les participants. Cela peut inclure des questionnaires de suivi, des entretiens individuels ou des évaluations à intervalles réguliers pour évaluer les changements durables dans les compétences et les comportements des participants.

Utiliser les résultats pour améliorer la formation future : Les résultats de l'évaluation doivent servir de base pour améliorer les formations futures. Utilisez les données recueillies pour identifier les lacunes dans votre approche pédagogique et pour ajuster le contenu, les méthodes et les activités de formation. Cela garantira une continuité de votre formation.

L'évaluation et le suivi des résultats de la formation sont essentiels pour mesurer l'efficacité de votre approche pédagogique et pour apporter des améliorations continues. En évaluant les objectifs d'apprentissage, en utilisant des méthodes d'évaluation variées, en impliquant les participants et en analysant les données recueillies, vous serez en mesure de fournir une formation de haute qualité et d'assurer le développement des participants.

Outils en ligne pour l'évaluation et le suivi des résultats d'une formation

Choisir le bon outil d'évaluation et de suivi est crucial pour mesurer l'efficacité de vos formations et identifier les points d'amélioration. Voici quelques-uns des meilleurs outils en ligne disponibles, classés par catégorie :

1. Plateformes d'évaluation et de création de questionnaires :

GlobalExam : Offre une large gamme de formats de questions et de fonctionnalités avancées pour créer des évaluations et des examens complets.

Kahoot!: Plateforme ludique et interactive pour créer des quiz et des jeux-questionnaires engageants.

Formidable Forms : Permet de créer des formulaires et des questionnaires personnalisés avec une interface intuitive.

Google Forms : Outil gratuit et facile à utiliser pour créer des formulaires et des questionnaires simples.

2. Outils de suivi des progrès et de reporting :

Learning Pool : Plateforme LMS complète qui offre des outils de suivi des progrès des apprenants, de reporting et d'analyse.

Docebo : Offre des fonctionnalités de suivi et de reporting avancées, ainsi que des outils d'apprentissage social et de collaboration.

Totara Learn : Plateforme LMS open source flexible et personnalisable avec des outils de suivi et de reporting complets.

Moodle : Plateforme LMS open source populaire avec une large gamme de plugins et d'extensions pour le suivi et le reporting.

3. Outils d'analyse de données et de feedback :

Tableau : Outil de visualisation de données puissant pour créer des tableaux de bord et des rapports interactifs.

Power BI : Plateforme de business intelligence qui permet d'analyser les données de formation et de générer des rapports personnalisés.

Google Analytics : Outil gratuit pour analyser le trafic et les performances de votre plateforme de formation en ligne.

SurveyMonkey : Plateforme de sondage en ligne pour collecter des commentaires et des avis auprès des apprenants.

4. Outils de création d'e-learning et de formation mixte :

Articulate Storyline : Outil de création de modules e-learning interactifs et engageants.

Adobe Captivate: Permet de créer des simulations et des démonstrations interactives.

Lectora Inspire : Outil de création de modules e-learning responsive et accessible.

iSpring Suite : Offre une suite d'outils pour créer des modules e-learning, des quiz et des simulations.

En plus de ces outils, voici quelques conseils pour choisir la meilleure solution pour vos besoins :

Définissez vos objectifs d'évaluation et de suivi.

Identifiez les fonctionnalités dont vous avez besoin.

Comparez les prix et les fonctionnalités des différents outils.

Lisez les avis et les témoignages d'utilisateurs.

Testez les outils avant de vous engager.

N'oubliez pas que l'outil le plus efficace est celui qui répond le mieux à vos besoins spécifiques et qui s'intègre facilement à votre système de formation existant.

Enfin, il est important de noter que l'évaluation et le suivi ne sont pas des processus ponctuels. Il est important de mettre en place un système d'évaluation et de suivi continu pour mesurer l'impact de vos formations et identifier les points d'amélioration au fil du temps.

La méthode d'évaluation Kirkpatrick

La méthode Kirkpatrick est un modèle d'évaluation de la formation en quatre niveaux, développé par Donald Kirkpatrick dans les années 1950. Cette méthode permet d'évaluer l'efficacité d'une formation en mesurant son impact sur les apprenants et en déterminant si les objectifs de la formation ont été atteints.

Les quatre niveaux d'évaluation de Kirkpatrick sont les suivants :

1. Réaction : Ce niveau mesure la satisfaction des participants à la formation et leur perception de son contenu et de sa qualité.

2. Apprentissage : Ce niveau évalue si les participants ont acquis les connaissances et les compétences visées par la formation.

3. Comportement : Ce niveau mesure si les participants ont appliqué les connaissances et les compétences acquises dans leur travail.

4. Résultats : Ce niveau évalue l'impact de la formation sur les résultats de l'entreprise, tels que la productivité, la qualité, la rentabilité et la satisfaction des clients.

Pour chaque niveau, Kirkpatrick propose des exemples de questions d'évaluation :

Réaction :

Avez-vous apprécié la formation ?

Le contenu de la formation était-il pertinent pour votre travail ?

Les formateurs étaient-ils compétents et pédagogues ?

Apprentissage :

Avez-vous acquis les connaissances et les compétences visées par la formation ?

Êtes-vous capable d'appliquer ces connaissances et compétences dans votre travail ?

Comportement :

Avez-vous changé votre comportement à la suite de la formation ?

Utilisez-vous les connaissances et compétences acquises dans votre travail ?

Résultats :

La formation a-t-elle eu un impact positif sur votre performance ?

La formation a-t-elle permis d'améliorer les résultats de l'entreprise ?

La méthode Kirkpatrick est un outil précieux pour évaluer l'efficacité des formations et identifier les points d'amélioration. Cependant, il est important de noter que ce modèle n'est pas parfait et qu'il ne peut pas être utilisé seul pour évaluer l'impact d'une formation.

Voici quelques-unes des limites de la méthode Kirkpatrick:

Elle est centrée sur l'apprenant et ne prend pas en compte l'impact de la formation sur l'entreprise.

Elle est difficile à mettre en œuvre et peut être coûteuse.

Elle ne permet pas de mesurer l'impact à long terme de la formation.

Malgré ses limites, la méthode Kirkpatrick reste un outil utile pour évaluer l'efficacité des formations. En l'utilisant en combinaison avec d'autres méthodes d'évaluation, vous pouvez obtenir une vue plus complète de l'impact de vos formations et identifier les points d'amélioration.

Voici quelques conseils pour utiliser la méthode Kirkpatrick:

Définissez clairement les objectifs de la formation avant de commencer.

Choisissez les questions d'évaluation en fonction des objectifs de la formation.

Utilisez une variété de méthodes d'évaluation pour obtenir une vue complète de l'impact de la formation.

Analysez les résultats de l'évaluation et identifiez les points d'amélioration.

Utilisez les résultats de l'évaluation pour améliorer vos formations futures.

En conclusion, la méthode Kirkpatrick est un outil précieux pour évaluer l'efficacité des formations et identifier les points d'amélioration. En l'utilisant de manière judicieuse, vous pouvez améliorer la qualité de vos formations et maximiser leur impact sur votre entreprise.

Chapitre 11 : Rétroaction constructive dans le processus de formation

Bienvenue dans le onzième chapitre, dans celui-ci, nous allons explorer l'importance de la rétroaction constructive dans le processus de formation.

Comprendre la rétroaction constructive : La rétroaction constructive est un élément clé pour favoriser l'apprentissage et le développement des participants. Elle consiste à fournir des commentaires spécifiques, clairs et utiles sur les performances des participants, afin de les aider à progresser et à s'améliorer.

Utiliser un langage positif : Lorsque vous donnez une rétroaction constructive, utilisez un langage positif. Soulignez les points forts et les progrès réalisés par les participants, tout en identifiant les domaines qui doivent être une. Adoptez une approche encourageante et bienveillante pour maintenir la motivation et promouvoir un climat d'apprentissage positif.

Soyez spécifique et concret : Pour que la rétroaction soit efficace, elle doit être spécifique et concrète. Évitez les commentaires généraux et vagues. Effectuer les comportements ou les actions spécifiques qui ont été bien exécutés ou qui doivent être une. Donnez des exemples concrets pour illustrer vos points et permettre aux participants de comprendre clairement ce qui est attendu.

Fournir des suggestions d'amélioration : En plus d'identifier les domaines qui nécessitent une, proposez des suggestions concrètes pour aider les participants à progresser. Donnez-leur des conseils pratiques et des stratégies spécifiques pour améliorer leurs compétences et leurs performances. Encouragez-les à mettre en pratique ces suggestions et à demander de l'aide si nécessaire.

Encourager l'autoréflexion : La rétroaction constructive ne se limite pas à la seule voix du formateur. Encouragez les participants à s'auto-réfléchir et à évaluer leurs propres performances. Demandez-leur de réfléchir sur leurs points forts et leurs faiblesses, et d'identifier les actions à entreprendre pour s'améliorer. Cela favorisera leur autonomie et leur responsabilité dans leur processus d'apprentissage.

Donnez une rétroaction régulière : La rétroaction constructive ne doit pas être un événement ponctuel. Fournissez une rétroaction régulière tout au long de la formation pour permettre aux participants de suivre leur progression et de s'ajuster en conséquence. Programmez des moments dédiés à la rétroaction individuelle ou en groupe pour discuter des progrès réalisés et des défis rencontrés.

Encouragez la rétroaction entre paires : En plus de la rétroaction du formateur, encouragez les participants à donner des commentaires constructifs les uns aux autres. Mettez en place des activités de partage et de collaboration où les participants peuvent évaluer et discuter des performances de leurs binômes. Cela favorisera l'apprentissage collaboratif et permettra aux participants de bénéficier de différentes perspectives.

La rétroaction constructive joue un rôle crucial dans le processus de formation. En utilisant un langage positif, en étant spécifique et concret, en fournissant des suggestions d'amélioration, en favorisant l'autoréflexion et en donnant une rétroaction régulière, vous aiderez les participants à progresser et à atteindre leurs objectifs d'apprentissage.

Chapitre 11 : La puissance de la persévérance

Dans ce chapitre, nous allons explorer la puissance de la persévérance et son impact sur la réussite.

Comprendre la persévérance : La persévérance est la capacité de continuer à fournir des efforts malgré les difficultés, les obstacles et les échecs. C'est un état d'esprit qui permet de rester déterminé et motivé, même lorsque les choses deviennent difficiles. La persévérance est essentielle pour relever les défis et atteindre ses objectifs.

Cultiver la résilience : La résilience est étroitement liée à la persévérance. Elle consiste à rebondir après un échec ou une difficulté et à continuer à avancer. Cultiver la résilience implique de développer une mentalité positive, de tirer des leçons des échecs passés et de trouver des stratégies pour surmonter les obstacles. La résilience renforce la persévérance en nous permettant de rebondir plus rapidement et de rester motivés face aux défis.

Fixer des objectifs réalistes : Pour être persévérant, il est important de fixer des objectifs réalistes et atteignables. Des objectifs trop élevés ou irréalisables peuvent décourager et affecter notre motivation. En réalisant des objectifs clairs et réalistes, nous créons des étapes réalisables qui nous fournissent à maintenir notre motivation et à persévérer.

Adopter une mentalité de croissance : La mentalité de croissance est la conviction que nos compétences et nos capacités peuvent se développer avec l'effort et la persévérance. En adoptant cette mentalité, nous sommes ouverts aux défis et aux erreurs, car nous les voyons comme des occasions d'apprendre et de grandir. Une mentalité de croissance renforce la persévérance en nous encourageant à continuer à nous améliorer malgré les difficultés rencontrées.

Trouver du soutien : La persévérance peut être renforcée en trouvant du soutien dans notre entourage. Que ce soit des amis, des mentors ou des membres de la famille, avoir des personnes qui nous encouragent et nous soutenons dans nos efforts peuvent faire toute la différence. Ces personnes peuvent nous aider à rester motivés, à surmonter les obstacles et à persévérer dans notre parcours.

Apprendre de l'échec : L'échec fait partie intégrante du processus d'apprentissage et de croissance. Plutôt que de voir l'échec comme un obstacle insurmontable, il est important de l'accepter comme une occasion d'apprendre et de grandir. Analysez les raisons de l'échec, tirez des leçons de vos erreurs et utilisez ces connaissances pour vous améliorer. La capacité à apprendre de l'échec renforce notre persévérance en nous donnant la confiance nécessaire pour continuer à avancer malgré les revers.

Célébrer les petites victoires : Il est important de célébrer les petites victoires tout au long de notre parcours. Reconnaître et apprécier nos progrès nous motiver à persévérer et à poursuivre nos efforts. Célébrez chaque étape franchie, chaque obstacle surmonté et chaque succès, aussi petit soit-il. Ces célébrations renforcent notre détermination et notre persévérance.

La persévérance est une qualité essentielle pour atteindre nos objectifs. En comprenant la persévérance, en cultivant la résilience, en fixant des objectifs réalistes, en adoptant une mentalité de croissance, en trouvant du soutien, en apprenant de l'échec et en célébrant les petites victoires, nous pouvons renforcer notre persévérance et surmonter les obstacles, qui se dresse sur notre chemin.

Chapitre 12 : Nourrir la créativité pour résoudre les problèmes

Bienvenue dans le douzième chapitre de notre livre. Dans ce chapitre, nous allons explorer l'importance de la créativité dans le processus de résolution de problèmes.

Comprendre la créativité : La créativité est la capacité de générer des idées nouvelles, originales et utiles. Elle est essentielle pour résoudre les problèmes de manière innovante et trouver des solutions efficaces. La créativité implique souvent de penser en dehors des sentiers battus, de remettre en question les normes établies et de trouver des perspectives différentes.

Encourager la pensée divergente : La pensée divergente est un aspect clé de la créativité. Elle consiste à générer un large éventail d'idées, de solutions et de perspectives. Encouragez les participants à explorer différentes voies, à remettre en question les suppositions et à proposer des idées alternatives. La pensée divergente permet d'explorer de nouvelles possibilités et d'envisager des solutions innovantes.

Créer un environnement propice à la créativité : La créativité est favorisée par un environnement qui stimule l'imagination et encourage la prise de risques. Créez un espace de travail ou une salle de formation qui inspire la créativité, avec des couleurs vives, des espaces de collaboration et des outils de stimulation de la pensée. Encouragez également les participants à sortir de leur zone de confort et à expérimenter de nouvelles idées sans craindre le jugement.

Utiliser des techniques de pensée créative : Il existe de nombreuses techniques de pensée créative qui peuvent aider à stimuler l'imagination et générer des idées. Parmi ces techniques, citons le brainstorming, la carte mentale, les associations libres, les analogies et les jeux de rôle. Introduisez ces techniques dans vos sessions de formation pour encourager la créativité et la résolution de problèmes innovants.

Favoriser la collaboration : La créativité peut être renforcée par la collaboration et l'échange d'idées. Encouragez les participants à travailler ensemble, à partager leurs perspectives et à construire sur les idées des autres. La diversité des points de vue peut conduire à des solutions plus créatives et efficaces.

Encourager la prise de risques et l'acceptation de l'échec : La créativité demande souvent de prendre des risques et d'explorer des terrains inconnus. Encouragez les participants à sortir de leur zone de confort, à essayer de nouvelles idées et à ne pas craindre l'échec. L'échec est une opportunité d'apprentissage et peut mener à de nouvelles perspectives et à des solutions innovantes.

Fournir des ressources et des outils créatifs : Assurez-vous de fournir aux participants les ressources et les outils nécessaires pour exprimer leur créativité. Cela peut inclure des matériaux d'art, des outils de visualisation, des logiciels de conception, ou tout autre élément qui peut faciliter l'expression créative. Donnez-leur également le temps et l'espace nécessaires pour explorer et développer leurs idées.

La créativité est une compétence essentielle pour résoudre les problèmes de manière innovante. En encourageant la pensée divergente, en créant un environnement propice à la créativité, en utilisant des techniques de pensée créative, en favorisant la collaboration, en encourageant la prise de risques et l'acceptation de l'échec, et en fournissant des ressources créatives, nous pouvons nourrir la créativité des participants et les aider à trouver des solutions innovantes aux problèmes auxquels ils sont confrontés.

Chapitre 13 : Aborder la diversité et l'inclusion dans la formation des adultes

La diversité et l'inclusion sont des facettes cruciales de la formation des adultes, créant un environnement où chaque apprenant se sent valorisé, respecté et pleinement engagé. Ce chapitre se penche sur les stratégies essentielles pour aborder la diversité et promouvoir l'inclusion au sein des sessions de formation.

Création d'un programme inclusif

Un programme inclusif commence par une conception attentive qui reconnaît et célèbre la diversité sous toutes ses formes. Intégrez une variété de perspectives, d'exemples et de ressources qui reflètent la richesse des expériences humaines. En adoptant une approche pédagogique universelle, assurez-vous que les contenus sont accessibles à tous les apprenants, indépendamment de leurs différences.

Incorporez également des activités collaboratives favorisant l'interaction entre les apprenants, encourageant ainsi la compréhension mutuelle et le partage d'expériences diverses. Assurez-vous que les supports visuels et auditifs sont variés, prenant en compte les différentes façons dont les apprenants absorbent l'information.

Favoriser la sensibilité culturelle

La sensibilité culturelle est cruciale pour la création d'un environnement d'apprentissage respectueux de la diversité. Encouragez les formateurs à se familiariser avec les cultures représentées dans le groupe d'apprenants. Cela peut se faire par le biais de formations sur la diversité culturelle, la lecture de littérature pertinente, ou encore en invitant des intervenants issus de différentes communautés pour partager leurs perspectives.

Les exemples utilisés dans les sessions de formation devraient refléter la diversité culturelle des apprenants, garantissant ainsi que chacun puisse se sentir représenté. Encouragez également l'exploration des différences culturelles dans un contexte positif, favorisant ainsi la compréhension mutuelle.

Répondre aux besoins uniques des apprenants

Chaque apprenant est unique, avec des besoins spécifiques qu'il est crucial de prendre en compte. Utilisez des évaluations préalables pour comprendre les styles d'apprentissage, les besoins en matière d'accessibilité et les préférences individuelles. Assurez-vous que les installations de formation sont accessibles à tous, en tenant compte des exigences physiques et sensorielles.

Encouragez également un dialogue ouvert où les apprenants peuvent exprimer leurs besoins sans crainte de jugement.

En offrant des options flexibles pour l'évaluation et la démonstration de compétences, vous permettez à chacun de montrer son savoir de manière adaptée à ses compétences particulières.

En conclusion, aborder la diversité et l'inclusion dans la formation des adultes nécessite une approche intentionnelle et continue.

En adoptant des pratiques inclusives, en favorisant la sensibilité culturelle et en répondant aux besoins uniques des apprenants, les formateurs peuvent créer des environnements d'apprentissage riches, respectueux et stimulants pour tous.

L'investissement dans la diversité et l'inclusion non seulement améliore la qualité de la formation, mais contribue également à la construction d'une société plus équitable et compréhensive.

Chapitre 14 : Développement professionnel continu pour les formateurs

Le développement professionnel continu (DPC) est la clé pour garantir que les formateurs demeurent à la pointe des évolutions constantes dans le domaine de la formation des adultes. Ce chapitre se plonge dans l'importance cruciale de l'apprentissage continu et de la croissance personnelle pour les formateurs. Nous explorerons diverses opportunités de développement professionnel, offrant un aperçu des ateliers, des conférences et des cours en ligne qui contribuent à enrichir les compétences et les pratiques des formateurs.

L'importance de l'apprentissage continu pour les formateurs

Dans un monde en constante évolution, l'apprentissage continu est impératif pour les formateurs. Cela leur permet non seulement de rester au fait des dernières tendances et avancées pédagogiques, mais aussi d'affiner leurs compétences, d'adopter de nouvelles méthodologies et d'améliorer leur compréhension des besoins changeants des apprenants.

L'apprentissage continu offre également aux formateurs l'opportunité de découvrir de nouvelles technologies éducatives, des approches novatrices et des stratégies efficaces pour engager les apprenants. Cela renforce la confiance des formateurs dans leur capacité à fournir des expériences d'apprentissage de qualité.

Opportunités de développement professionnel

1. Ateliers spécialisés : Organiser et participer à des ateliers spécialisés permet aux formateurs de plonger profondément dans des sujets spécifiques. Ces ateliers offrent souvent une plateforme pour le partage de bonnes pratiques, des discussions interactives et des démonstrations pratiques.

2. Conférences éducatives : Les conférences rassemblent souvent des experts renommés et offrent une vue d'ensemble des dernières tendances et innovations dans le domaine de la formation des adultes. Les formateurs peuvent élargir leurs horizons, établir des réseaux et s'inspirer de la diversité des approches présentées.

3. Cours en ligne : Les cours en ligne offrent une flexibilité précieuse, permettant aux formateurs de suivre des formations à leur propre rythme. Des plateformes éducatives en ligne proposent une variété de cours, allant des fondamentaux aux sujets plus avancés, offrant ainsi une grande diversité d'options.

4. Mentorat et coaching : Participer à des programmes de mentorat ou bénéficier de séances de coaching permet aux formateurs d'obtenir des conseils personnalisés, de partager leurs expériences et de recevoir un soutien dans leur développement professionnel.

Intégration du développement professionnel continu dans la carrière du formateur

Les formateurs devraient considérer le DPC comme une partie intégrante de leur parcours professionnel. Cela nécessite un engagement continu à investir du temps et des ressources dans leur propre croissance. Les employeurs peuvent également jouer un rôle crucial en encourageant et en soutenant activement le DPC, en reconnaissant que des formateurs bien formés contribuent directement à l'amélioration de la qualité des programmes de formation.

En conclusion, le développement professionnel continu est essentiel pour les formateurs qui aspirent à exceller dans leur domaine.

En restant avides d'apprendre et en explorant activement diverses opportunités de développement, les formateurs renforcent leur impact sur les apprenants et contribuent à l'évolution positive du paysage de la formation des adultes.

Chapitre 15 : Évaluer l'efficacité de la formation des adultes

L'évaluation de l'efficacité des programmes de formation des adultes est une étape cruciale pour garantir une amélioration continue et s'assurer que les objectifs d'apprentissage sont atteints. Dans ce dernier chapitre, nous explorerons différentes méthodes et techniques d'évaluation. Nous aborderons la collecte de feedback auprès des apprenants, l'évaluation de l'impact de la formation sur leurs performances et la manière d'apporter des ajustements pour améliorer les futures initiatives de formation.

Collecte de feedback auprès des apprenants

La première étape pour évaluer l'efficacité d'une formation est de recueillir les commentaires des apprenants. Les sondages, les questionnaires et les entretiens sont des outils efficaces pour comprendre leur expérience. Posez des questions ouvertes pour encourager des réponses détaillées, portant sur la pertinence des contenus, la qualité des supports pédagogiques, et le niveau d'engagement ressenti.

Les retours des apprenants offrent des perspectives précieuses sur ce qui a fonctionné et ce qui peut être amélioré. Encouragez la transparence en soulignant l'importance de leurs opinions dans l'amélioration continue du programme.

Évaluation de l'impact sur les performances

Pour mesurer l'efficacité réelle de la formation, évaluez son impact sur les performances des apprenants. Utilisez des indicateurs spécifiques aux objectifs de la formation, tels que l'acquisition de compétences, l'amélioration de la productivité ou le changement de comportement. Les évaluations pré et post-formation, les tests de compétences et les études de cas pratiques sont des outils précieux dans cette démarche.

Les données quantitatives, comme les taux de rétention des informations ou les résultats des évaluations, fournissent des mesures tangibles. Complétez cela par des témoignages qualitatifs sur la manière dont les apprenants ont appliqué les connaissances acquises dans leur environnement professionnel.

Ajustements et améliorations continues

Une fois les commentaires recueillis et l'impact évalué, utilisez ces informations pour apporter des ajustements significatifs. Identifiez les domaines qui nécessitent des améliorations, que ce soit au niveau du contenu, de la méthodologie pédagogique, ou des supports utilisés. Les enseignements tirés de chaque évaluation doivent être intégrés dans la planification des futurs programmes de formation.

Impliquez les formateurs, les concepteurs pédagogiques et les apprenants dans ce processus d'amélioration continue.

Encouragez une culture où l'évaluation n'est pas seulement perçue comme une fin en soi, mais comme un moyen de perfectionner constamment les pratiques de formation.

Conclusion : Vers une formation des adultes plus efficace

En concluant ce livre, comprenez que l'évaluation de l'efficacité de la formation des adultes est un processus cyclique. En intégrant régulièrement ces évaluations dans votre approche, vous créez un environnement où l'apprentissage et l'amélioration continue sont des éléments intrinsèques.

Sachez que chaque évaluation, chaque ajustement, contribue à renforcer la qualité de la formation dispensée. Faites de cette boucle d'amélioration continue une part intégrante de votre démarche de formateur, et vous contribuerez de manière significative au développement continu et à l'épanouissement des adultes que vous formez.

Merci de vous être plongé dans "Les outils essentiels d'un formateur pour adulte".

Bonne chance dans votre parcours de formateur !

La boite à outils du formateur

Brises glaces

Voici trois exercices brise-glace que vous pourriez utiliser au début d'une formation pour encourager l'interaction et créer une atmosphère positive :

La Carte des Intérêts :

- Donnez à chaque participant une carte virtuelle ou papier divisée en sections représentant différents aspects de leur vie, tels que loisirs, voyages, travail, etc.
- Demandez-leur de dessiner ou d'écrire quelque chose qui représente leurs intérêts dans chaque section.
- Ensuite, les participants se présentent en partageant leurs cartes avec le groupe, expliquant brièvement chaque section.

Les Questions Inhabituelles :

- Préparez une liste de questions inhabituelles mais légères, comme "Si vous pouviez avoir un superpouvoir, lequel choisiriez-vous et pourquoi ?", ou "Si vous étiez un animal, lequel seriez-vous ?".

- Les participants se mettent en binômes et posent ces questions l'un à l'autre. Ensuite, chaque personne partage les réponses de son partenaire avec le groupe.

Le Bingo Humain :

- Créez des cartes de bingo avec des caractéristiques intéressantes ou inhabituelles, telles que "a voyagé dans plus de 5 pays" ou "parle trois langues".
- Distribuez les cartes aux participants et demandez-leur de

circuler dans la salle pour trouver des personnes correspondant aux caractéristiques de leur carte.

- Une fois qu'ils ont complété une ligne ou une colonne, ils peuvent s'asseoir et partager quelques faits sur les personnes qu'ils ont rencontrées.

Ces exercices sont conçus pour encourager la conversation, faciliter les interactions et aider les participants à mieux se connaître dès le début de la formation.

Conseils pour des Présentations PowerPoint Attractives :

◇ **Soyez Concis :** Limitez le contenu textuel par diapositive pour éviter la surcharge d'informations. Utilisez des points clés et des visuels pour renforcer votre message.

◇ **Utilisez un Design Cohérent :** Choisissez un modèle de conception propre et professionnel pour toutes vos diapositives. Assurez-vous que les polices, les couleurs et les mises en page sont cohérentes.

◇ **Des Visuels Impactants :** Intégrez des images, des graphiques et des vidéos pertinents pour illustrer vos points. Les visuels attractifs captent l'attention et rendent la présentation plus mémorable.

◇ **Hiérarchisez l'Information :** Organisez votre contenu de manière logique et utilisez des titres, des sous-titres et des puces pour créer une hiérarchie claire.

◇ **Évitez le Texte en Excès :** Limitez le texte par diapositive et favorisez des phrases courtes. Utilisez des images et des graphiques pour expliquer des concepts complexes.

◇ **Interactivité :** Intégrez des éléments interactifs tels que des sondages, des questions ou des discussions pour maintenir l'attention des participants.

◇ **Considérez l'Accessibilité :** Assurez-vous que votre présentation est accessible à tous. Utilisez des contrastes de couleurs appropriés et choisissez des polices lisibles.

Droits d'Auteur pour les Images :

◇ **Utilisez des Images sous Licence :** Optez pour des images avec une licence d'utilisation appropriée. Des sites tels que Unsplash, Pexels, ou Pixabay proposent des images libres de droits pour un usage commercial.

◇ **Achetez des Images :** Si vous utilisez des images provenant de banques d'images payantes comme Shutterstock ou Adobe Stock, assurez-vous de respecter les conditions de licence.

◇ **Créez Vos Propres Visuels :** Si possible, créez vos propres graphiques, schémas ou illustrations. Cela garantit que vous détenez les droits d'auteur.

◇ **Citez Correctement :** Si vous utilisez une image provenant d'une source spécifique, assurez-vous de la créditer correctement selon les exigences de la licence.

◇ **Utilisez des Ressources sous Licence Creative Commons :** Recherchez des images sous licence Creative Commons. Assurez-vous de respecter les termes spécifiques de la licence, tels que l'attribution.

◇ **Évitez le Google Images :** Évitez d'utiliser des images directement depuis Google Images, car elles peuvent être soumises à des droits d'auteur. Utilisez plutôt des filtres de recherche pour trouver des images libres de droits.

En suivant ces conseils, vous pouvez créer des présentations PowerPoint impactantes tout en respectant les droits d'auteur pour les images utilisées.

Ressources Créatives :

◇ **Canva :** Une plateforme en ligne permettant de créer des visuels attrayants tels que présentations, infographies, posters, etc. avec des modèles prêts à l'emploi.

◇ **Unsplash et Pixabay :** Des banques d'images haute résolution gratuites et libres de droits pour agrémenter vos supports visuels.

◇ **Freepik :** Une ressource qui propose des images, vecteurs, icônes et autres éléments graphiques pour un usage commercial avec attribution.

◇ **Pexels Video et Videezy :** Des sites offrant des vidéos libres de droits que vous pouvez intégrer dans vos présentations pour les rendre plus dynamiques.

◇ **SoundCloud :** Une plateforme où vous pouvez trouver des fichiers audios, y compris de la musique d'ambiance, des effets sonores, et des clips audios pour égayer vos présentations.

◇ **Mentimeter :** Un outil interactif qui permet de créer des sondages, des quiz, et des nuages de mots pour stimuler la participation du public.

◇ **Powtoon :** Un outil pour créer des vidéos animées et des présentations dynamiques qui peuvent captiver l'attention des participants.

◇ **MindMeister :** Un logiciel de mind mapping en ligne qui peut être utilisé pour organiser des idées, des concepts, et des plans de cours de manière visuelle.

Outils de Collaboration :

◇ **Google Workspace (anciennement G Suite) :** Des outils tels que Google Docs, Sheets, Slides, et Forms peuvent faciliter la collaboration en temps réel et le partage de documents.

◇ **Microsoft Teams :** Une plateforme collaborative qui permet de créer des salles de réunion virtuelles, partager des documents, et faciliter la communication au sein d'un groupe.

◇ **Slack :** Un outil de messagerie instantanée qui facilite la communication et la collaboration en équipe.

◇ **Trello :** Un outil de gestion de projet visuel qui peut être utilisé pour organiser les tâches et suivre le progrès de manière collaborative.

◇ **Zoom et Microsoft Teams (pour les réunions virtuelles)** : Des plates-formes de visioconférence qui offrent des fonctionnalités de partage d'écran, de chat, et d'interaction en direct.

Outils de Feedback :

◇ **SurveyMonkey :** Un outil permettant de créer des sondages et des questionnaires pour recueillir des feedbacks des participants.

◇ **Typeform :** Une plateforme qui propose des formulaires interactifs et esthétiques pour recueillir des informations de manière engageante.

◇ **Google Forms :** Un outil simple pour créer des formulaires personnalisés pour collecter des commentaires et des évaluations.

En intégrant ces ressources et outils dans votre animation de formation, vous pouvez rendre l'expérience plus interactive, visuelle et engageante pour vos participants.

La Digitale : un site de ressources libres pour l'éducation

La Digitale est une plateforme en ligne qui propose un ensemble d'outils numériques libres et gratuits pour les enseignants, les élèves et les parents.

Son objectif est de promouvoir une utilisation responsable du numérique dans l'éducation en proposant des alternatives aux logiciels propriétaires souvent coûteux et opaques. [www.ladigitale.dev]

Voici quelques-unes des ressources disponibles sur La Digitale :
Outils pédagogiques :

– Digiboard : un tableau blanc collaboratif pour créer et animer des leçons interactives.

– Digibunch : un outil pour créer des bouquets de liens web et les partager avec les élèves.

– Digicalc : un tableur collaboratif pour réaliser des calculs et des graphiques.

– Digimindmap : un outil de création de cartes mentales pour organiser ses idées.

– Digidrive : un espace de stockage en ligne pour partager des fichiers avec ses élèves.

– Digishare : un outil pour partager des fichiers avec des appareils connectés à un même réseau.

– Digimerge : un outil pour assembler des fichiers audios ou vidéos.

– Digislides : un outil pour créer des présentations multimédias simples.

Ressources pour les enseignants :

– Tutoriels et guides d'utilisation des outils.
– Exemples d'usages pédagogiques.
– Fiches pratiques sur le numérique éducatif.
– Un forum pour échanger et partager des idées.

Ressources pour les élèves :

– Des exercices interactifs.
– Des jeux éducatifs.
– Des tutoriels pour apprendre à utiliser les outils numériques.

La Digitale propose également :

– Des formations en ligne pour les enseignants.
– Des ateliers et des conférences sur le numérique éducatif.
– Un accompagnement personnalisé pour les projets pédagogiques.

En résumé, La Digitale est une plateforme incontournable pour tous les acteurs de l'éducation qui souhaitent utiliser le numérique de manière responsable et pédagogique.

Did you love *Le Guide essentiel du formateur*? Then you should read *Le networking*[1] by Yves Guéchi!

Le networking : Développez votre réseau professionnel" est un guide pratique et complet qui vous accompagnera dans l'art du networking et vous aidera à bâtir un réseau professionnel solide et durable.

Que vous soyez un professionnel en début de carrière ou un entrepreneur chevronné, ce livre vous fournira les outils et les stratégies nécessaires pour tirer le meilleur parti de vos relations professionnelles.

Divisé en trois parties stratégiques, ce livre aborde tous les aspects du networking. Dans la première partie, vous apprendrez à penser votre stratégie de networking en intégrant les principes fondamentaux du réseau, en clarifiant vos objectifs et en analysant vos réseaux actuels. Vous découvrirez également comment vous appuyer sur des mentors

---

1. https://books2read.com/u/bzr8ZZ

2. https://books2read.com/u/bzr8ZZ

pour vous guider dans votre parcours professionnel. La deuxième partie du livre vous aidera à préparer vos outils de networking et à vous lancer efficacement.

Vous apprendrez à vérifier et optimiser vos outils actuels, à soigner votre présence sur LinkedIn, à utiliser de manière stratégique la fonction recherche de cette plateforme, et à étendre votre stratégie en ligne aux autres réseaux sociaux pertinents.

Vous comprendrez aussi l'importance d'adopter le bon comportement sur les réseaux sociaux pour créer des connexions authentiques. La troisième partie du livre se concentre sur l'entretien de votre réseau professionnel. Vous découvrirez comment développer votre réseau actuel en établissant des relations solides, comment apporter de la valeur à vos contacts, comment solliciter vos contacts de manière intelligente et comment élargir votre réseau en dehors du monde virtuel.

Vous apprendrez également à entretenir votre réseau dans le temps en restant actif et en cultivant des relations durables. Avec des conseils pratiques, des études de cas inspirantes et des exemples concrets, "Le networking : Développez votre réseau professionnel" vous aidera à devenir un expert du networking. Que vous cherchiez à trouver de nouvelles opportunités professionnelles, à établir des partenariats fructueux ou à développer votre entreprise, ce livre vous fournira les stratégies et les compétences nécessaires pour atteindre vos objectifs grâce à un réseau professionnel solide et dynamique.

Also by Yves Guéchi

Religion et Spiritualité
The Kybalion's Guide

Sciences de l'éducation
Guide Pratique d'Andragogie
Le Guide essentiel du formateur

Standalone
Le networking
Networking - Expand your network professional